Segen ist nicht nur ein Wort

Segen ist nicht nur ein Wort

Tänze, Gesten, Rituale, Meditationen, Ikebana

**Herausgegeben von
Hanna Strack und Christiane Freking**

Hanna Strack Verlag Zorneding

Impressum
ISBN 3-929813-19-X

Druck: gwd Hans Venus GmbH, München
Titelbild: Scherenschnitt von Adelheid Strack-Richter

Inhalt

Vorwort

Segen ist nicht nur ein Wort – was aber dann? Warum reicht das Wort nicht aus? Im ersten Segensbüchlein „Segen – Herberge in unwirtlicher Zeit“ habe ich Segenstexte veröffentlicht. Im Anhang dazu habe ich in einer Schreibwerkstatt gezeigt, wie ich diese Segensworte geschrieben habe. Aber schon in diesem Buch war nicht nur das denkende Wahrnehmen, das Verstehen von Texten, angesprochen: Die Scherenschnitte meiner Schwägerin Adelheid Strack-Richter sprachen das Auge in wohltuender, segensreicher Weise an. In der Folgezeit lernte ich im Zusammenhang mit den sakralen Tänzen auch Segenstänze kennen. Ich las über Segnungsgottesdienste, ließ mir von den Erlebnissen berichten und zusammen mit Kolleginnen und Freundinnen probierte ich diese sowie kleine Segensgesten und tiefgreifende Segensrituale aus. Als mir dann Maria Freking – wir hatten uns auf dem Katholikentag in Karlsruhe kennengelernt – ihre Ikebanabilder zu meinen Texten zusandte, da war die Zeit reif für ein zweites Segensbuch. Ich begann zu sammeln. In diesem Buch soll sich nun die Erfahrung niederschlagen, daß Segen mit dem Leib gespendet und aufgenommen wird: Segen ist nicht nur ein Wort. Ich danke Christiane und Ansgar Freking herzlich, daß sie die Manuskriptherstellung spontan übernahmen und Rosmarie Renner, daß sie die Arbeiten im Verlag während meiner Zeit als Pastorin der Evangelischen Frauenhilfe in Schwerin weiterführt. Lassen Sie sich nun von den Beispielen dieses Buches in vielen Richtungen anregen!

Schwerin, im Januar 1996 Hanna Strack

Segen ist nicht nur ein Wort

Neu und doch uralt ist die Sprache des Körpers, die Sprache des Leibes. „Einen Körper habe ich – ein Leib bin ich“, dies ist die genaue Bedeutung der beiden Begriffe. So sprechen wir also von der Sprache des Leibes, wie wir auch von der Frucht des Leibes, von Leib und Seele oder von leibhaftiger Erfahrung sprechen.

Der Leib endet ja nicht mit der Haut. Er nimmt die räumliche Umgebung mit auf. So spüren wir eine Gänsehaut, wenn wir an einem besonders feierlichen Ort sind, an einem heiligen Ort, wie es ein Dom oder eine Naturerscheinung sein können.

Der Leib hat etwas zu sagen: „Diese Situation tut mir gut!“ meldet er, wenn er sich wohl fühlt, da wird ihm „warm ums Herz“. Die Psalmen sprechen durchgehend aus dieser Dimension des Leibes: „Das Wasser geht mir bis zum Hals“ (Ps 69,2) oder: „Mein Leib und meine Seele freuen sich“(Ps 84,3). Der Leib hat auch ein Gedächtnis: Ein bestimmter Geruch erinnert an eine Situation, in der ein ähnlicher Duft in der Luft lag. In der Krankenhausseelsorge wird zunehmend wohlriechendes Öl verwendet, weil es Leib und Seele gut tut.

Segen und Segnen geschieht in allen Religionen in Verbindung mit dem Leib. Dabei spielen die Hände und die Haut eine besondere Rolle. Zumeist ist es die erhobene Hand, im russischen und griechischen Ritus mit erhobenen Zeige- und Mittelfinger. Tonfiguren von segnenden Priesterinnen mit erhobenen Armen sind uns aus der Archäologie bekannt. Beim buddhistischen Segensritual werden die Handflächen vor der Brust aneinander gehalten und der Oberkörper neigt sich zum Gegenüber. Bei Konfirmation und Trauung wird der Segen mit Handauflegen vermittelt. Vielen Menschen fällt es heute sehr schwer, die Hände eines anderen an sich zu spüren. Sie sind erzogen, daß nur Worte, nicht der Leib wichtig sind, und daß die Seele körperlos sei. Das ist falsch. Im

Hebräischen gibt es nicht einmal ein Wort für Seele, es gibt nur Ausdrücke des Leibes, wie z.B. Kehle, das wir meist mit Seele übersetzen, das aber den Atem und damit das ganze Leben meint. Die Vorstellung von der Seele kommt aus der griechischen Philosophie. Diese unterscheidet zwischen der eigentlichen Welt der Ideen und der leiblichen Welt, in der die Seele gefangen sei.

Im Zuge der Wiederentdeckung der Leiblichkeit werden jetzt viele Tänze, Gesten, Rituale und Segnungsgottesdienste erfunden und gefeiert. Sie können im Alltag in kleinen und kurzen Handlungen bestehen. Sie können auf Grund eines bestimmten Anlasses entworfen werden, so z.B. Reise-Segen, Segen zum Abschied von der Klasse, Segen zum Beginn eines neuen Berufsabschnittes, Segen für eine neue Wohnung, aber auch Segen für eine vergewaltigte Frau. Sie können in sakralen Tänzen Gestalt finden.

Tanz: ein Beten mit den Füßen

Eine besondere Verdichtung erfährt der sakrale Tanz als Segenstanz. Seine Bedeutung für die Liturgie wird zur Zeit in der Frauenliturgie entdeckt. In vielen Tanzgruppen werden Segenstänze zu Liedern oder Musik entwickelt und erlebt. Segen wird dabei erfahren als ein gemeinsames Sich-in-die-Ordnung-des-Kosmos-Stellen. Die Elemente des Tanzes sind im wesentlichen die Beziehung von Mitte und Peripherie: Die Tanzenden umkreisen die Mitte, die Gott symbolisiert und indem sie im Kreis schreiten, gehen sie symbolisch ein Stück ihres Lebensweges. Tanzen ist ein Beten mit dem Leib. So vereinigen sich im Segenstanz die Grundbedeutung des Segens, das ein Bejaht-Sein meint, und die Tanzerfahrung, daß wir in einer kosmischen Ordnung geborgen sind. Wir erinnern uns: die älteste Bedeutung von Segen war das Angenommensein durch die Sippe, wodurch das Leben bewahrt wurde. Beim Segenstanz erfahren die Tanzenden:

„Du hast hier deinen Platz, hier kannst du leben." Das führt zu der Erfahrung von Macht, nicht Macht, die einer über mich ausübt, sondern Macht, die mich ermächtigt. Janet Walton schreibt über Segen in feministischer Weise: „Da der Segensritus ein Ausdruck von Macht ist, müssen auch hier grundlegende Veränderungen einsetzen ... Menschen teilen den Segen sozusagen miteinander und verleihen dabei etwas Unsichtbarem Gestalt ... Frauen nehmen vermehrt die Macht in ihrem eigenen Innern wahr, anstatt sie außerhalb ihrer selbst zu vermuten."

Segen spendet die Lebenskraft in ihrem umfassendsten und tiefsten Sinn. Er spricht die göttlichen Verheißungen zu, indem er einen Platz in der kosmischen Ordnung anbietet. Das Chaos wird gebannt. Segenstänze lassen teilnehmen an dieser Ordnung und machen durchlässig für die Energie aus der Mitte, lassen sie weiterfließen im Kreis.

Ikebana: meditierend zu sich selbst kommen

Diese Wirkung des Segens entfaltet sich auch beim Ikebana, der uralten Blumensteckkunst, die in Japan gelehrt und auch in Europa geübt wird. Indem die Blumen und Gräser nach traditionellen Gesetzen gesteckt werden, öffnen sich die Menschen der Botschaft des Themas, das sie gestalten wollen. Sie beten.

Die Texte der Lieder, die bei vielen Segenstänzen die Grundlage bilden, unterstreichen diese Zusage der Nähe Gottes und der Zuweisung des Ortes im Kosmos: Du bist ein Teil der Schöpfung. Du bist voll Würde und Stärke. Du bist ein Segen für andere!

Segen

Die Seele ist wie ein Wind, der über die Kräuter weht,
und wie ein Tau, der auf die Gräser träufelt,
und wie die Regenluft, die wachsen macht.
Genauso ströme der Mensch
sein Wohlwollen aus auf alle,
die da Sehnsucht tragen.
Ein Wind sei er, indem er den Elenden hilft,
ein Tau, indem er die Verlassenen tröstet,
und Regenluft, indem er die Ermatteten aufrichtet
und sie mit der Lehre erfüllt wie Hungernde:
indem er ihnen seine Seele hingibt.
Amen.

Hildegard von Bingen

I. Segenstänze

Bewahre uns Gott

Bewahre uns, Gott, behüte uns, Gott, . . .	mit durchgefaßten Händen im Kreis gehen
Sei Quelle und Brot in Wüstennot,	die Hände lösen, zwei Schritte zur Mitte gehen und dabei mit den Händen die Kraft aus der Mitte holen, zwei Schritte zurück und die Hände senken
sei um uns mit deinem Segen.	mit vier kleinen Schritten einen Kreis um sich selbst schreiten und sich mit dem rechten Arm beschützen

Andrea Felsenstein-Roßberg

Schalom–Segenstanz

schalom chaverim, schalom chaveroth	mit durchgefaßten Händen im Kreis gehen
schalom, schalom	die Hände lösen, zur Kreismitte gehen und dabei die Arme weit nach oben strecken
le hitraot, le hitraot	aus der Mitte durchgefaßt zurück in den Kreis gehen
schalom, schalom.	einzeln über rechts mit 8 Schritten einen Kreis nach außen drehen, dabei mit der rechten Hand „im weiten Wurf säen“

als Kanon:
Zwei fast gleich starke Kreise ineinander bilden. Der Innenkreis beginnt. Bei 3. setzt der Außenkreis ein. Wenn der Außenkreis zur Mitte geht, taucht der Innenkreis durch die Tore zurück, am Ende der Einzelkreisdrehung schlüpfen die Innenkreisler wieder zurück in den Innenkreis und beginnen von neuem.

Sr. Edith Krug CCR

Jeder Teil dieser Erde

Jeder Teil dieser Erde (1.)	nach rechts im Kreis gehen, dabei mit den Händen auf der Höhe des Gesichts zur Kreismitte zeigen; „die Erde segnen“
sei deinem Volk heilig (2.)	wiegen
3. und 4.	wie zuvor, nur links herum

Es segne und behüte uns Gott

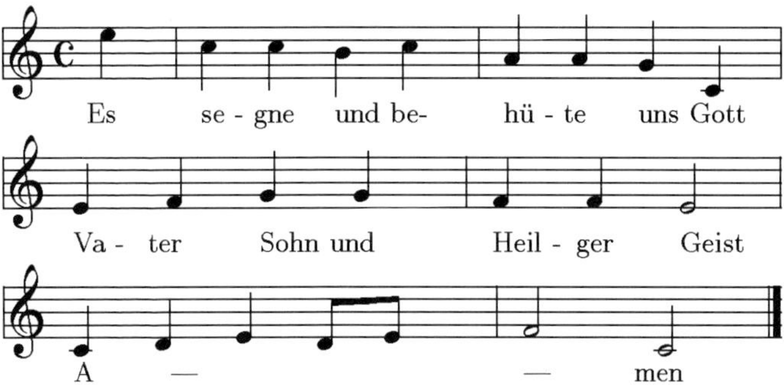

Wir suchen uns einen Platz, an dem wir die Arme weit ausbreiten können und suchen einen guten Stand. Die Arme sind über der Brust gekreuzt, die linke Hand unter der rechten. Ganz langsam heben wir beide Arme hoch, gehen seitlich weit ausladend nach unten und enden dann wieder mit gekreuzten Armen über der Brust. Diese Bewegungen machen wir so langsam, daß sie das ganze Lied ausfüllen.
Dies ist ein Segenslied, das wir allein zuhause, aber auch im Gottesdienst singen und in der Bewegung erleben können.

Ingeborg Heydenreich

Keltischer Segenstanz

Schritte zum keltischen Segenstanz:

Deep peace of the running wave to you,
Wir beginnen mit einer Kette: zwei stehen sich gegenüber, geben sich die rechte Hand. Beide gehen nun in entgegengesetzter Richtung auf der Kreislinie und schwingen den linken Arm vor. Sie ergreifen die linke Hand der/des Entgegenkommenden, dann wieder rechts, links.

deep peace of the shining stars,
Wir heben die Arme nach oben.

deep peace of the flowing air to you,
Wir bewegen die Arme hin und her.

deep peace of the quiet earth.
Wir bücken uns und berühren den Boden.

May peace, . . .
Wir tun uns zu zweit zusammen, eine/r hüllt die/den andere/n mit beiden Händen wie eine zweite Haut ein ohne sie/ihn direkt zu berühren und umgekehrt.

Hanna Strack

Gottes Macht erhalte dich

1. Gottes Ohr sei in dir wach
   Gottes Auge in dir hell.
   Gottes Hand sei dir stark
   zum Frieden, zum Frieden.

2. Gottes Glanz umhülle dich.
   Gottes Nähe tröste dich.
   Gottes Geist erfülle dich
   mit Hoffnung, mit Hoffnung.

Finden Sie eigene Schritte und Bewegungen zu diesem Lied.

Raum für weitere Segenstänze:

II. Segensgesten

Segen mit lettischem Lied

Zu jeder einzelnen Gebärde wird die Melodie einmal gesungen; sie kann auch mit Instrumenten begleitet werden. Die Gebärden sind:

1. *Der Segen ist bei mir*
Jeder überkreuzt seine Hände über der Brust, rechte Hand über der linken.

2. *Segen vom Himmel holen*
Arme erheben sich, strecken sich aus; Arme senken und überkreuzen sich vor der Brust.

3. *Segen aus der Erde*
Mit beiden Händen nach unten gehen und aus der Erde Segen schöpfen; Arme erheben sich wieder und überkreuzen sich vor der Brust.

4. *Segen aussäen*
Mit einer Hand oder beiden Händen eine Säbewegung machen; Arme überkreuzen sich wieder vor der Brust.

5. *Segen weitergeben*
Zwei Partner wenden sich zueinander (vorher absprechen oder abzählen), der links stehende Partner gibt an den rechtsstehenden den Segen mit geschlossenen Händen in dessen Hände weiter.

6. *Segen weitergeben - Kreislauf des Segens*
Beide Partner drehen sich halb herum zu einem anderen Partner. Wieder gibt der links stehende Partner seinen Segen an den rechtsstehenden weiter.

7. *Segen in die Mitte bringen - von der Mitte Segen holen*
Alle gehen mit geöffneten Händen zur Mitte und zurück und halten die anderen in W-Fassung.

Hilda Maria Lander / Maria-Regina Zohner

Erhebt euch zum Segen

Wir fassen uns an den Händen und gehen im Kreis. Nun lösen wir unsere Hände voneinander, behalten die Kreisform bei und legen die Hände unserer Vorderfrau auf die Schulter. Mit einem Schritt nach außen lösen wir den Körperkontakt, bleiben aber in der Geste. Vielleicht gelingt es uns, die Wärme zu spüren, die uns im Kreis miteinander verbindet.
In Räumen mit festen Bänken können die Frauen in einer Bankreihe sich mit den Handflächen berühren oder ihre Hand nach oben öffnen, um den Segen zu empfangen.

Mögliches Abschlußwort dabei:

Schwestern und Brüder, erhebt euch zum Segen.
Faßt einander bei den Händen - und spürt eure Kraft.
Erinnert die Geschichte unserer Vormütter und Vorväter
und geht hin im Namen Gottes.
Denn Gott ist die Liebe
Und wer in der Liebe ist, ist in Gott
Und Gott in ihr und ihm.

Heidi Amman

Daß Himmel und Erde dir blühen

Gebärdentanz zu zweit

Zum Jahresanfang wünschen wir einander Glück und Segen. Dazu Gedanken von Adalbert Ludwig Balling:

- Gutes wünschen macht heil an Leib und Seele.
- Segnen, einander Gutes wünschen ist das Wertvollste und Beste, was Menschen füreinander tun können.
- Segnen bringt Segen.

In diesem Sinne sei der Bewegungsvorschlag zum Kanon „Daß Erde und Himmel“ vorgestellt. Lied und Tanz lösen Freude aus.

Bewegungsvorschlag

Aufstellung im Flankenkreis, zu zweit, einander zugewendet.

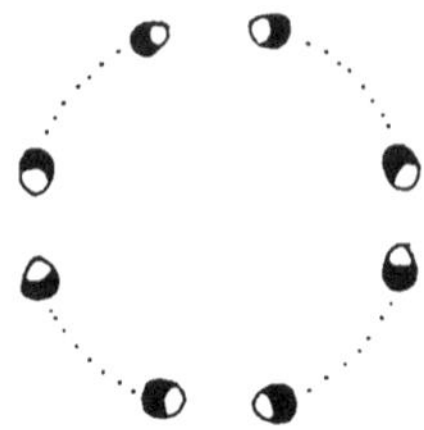

Daß Erde und Himmel
Beide Arme von der Erde zum Himmel führen.

dir blühen,
Die erhobenen Arme im schönen Bogen seitlich nach unten führen und dann beide offenen Hände (mit dem Wunsch darauf) dem/r Partner/in hinhalten, schenken.

daß Freude sei größer als Mühen,
In der Haltung von vorher verweilen, dazu wiegen, rechts – links, rechts – links, also gegengleich mit dem/r Partner/in (= Freude und Mühen gleichsam auf die Waage legen).

daß Zeit auch für Wunder, für Wunder dir bleib
Ohne daß sich die Hände berühren, miteinander zwei Kreise gestalten und entstehen lassen (= dem Wunder Raum lassen, es werden lassen, es nicht durch „Anfassen“ zerstören).

und Frieden für Seele und Leib!
Der/die eine Partner/in umschließt die Hände des vis-à-vis zum Segnen. Damit auch der/die andere Partner/in den Segen empfangen kann, wird das Lied immer zweimal hintereinander gesungen und bewegt.

Weitere Durchgänge:
1. Alle wenden sich vom eigenen vis-à-vis weg und drehen sich im Kreis mit einer halben Drehung auf die andere Seite, einem/r neuen Partner/in zu.
2. Der Kreis löst sich auf. Alle gehen auf jemanden zu und suchen sich auf diese Weise einen/e neuen/e Partner/in. Erst zum Abschluß wird das Lied *im Kanon* (ohne Gebärden und wiederum im Kreis) gesungen.

Marlis Ott

Segen

Die Kraft aus den Tiefen der Erde
durchströme dich,
wie der Saft im Frühjahr
die Blumen blühen läßt.

Die Kraft aus den Höhen des Himmels
senke sich auf dich,
wie der Tau in der Nacht,
der die Erde feuchtet.

Die Kraft aus der Mitte
schütze dich,
erfülle dich,
öffne dich.

Amen.

Jutta Voss

Zu diesem Text wählen wir Gesten, wie sie uns guttun:

- Wir schöpfen aus der Tiefe
- Wir holen die Kraft von oben
- Wir strecken unsere Arme nach vorn, dann mit weitem Bogen zurück

Segen zur Stärkung

Eine Frau tritt hinter die andere, legt ihr die Hände auf den Rücken und spricht:

Göttliche Kraft stärke deinen Rücken,
so daß du aufrecht gehen kannst,
wo man dich beugen will!
Göttliche Zärtlichkeit bewahre deine Schultern,
so daß die Lasten, die du trägst,
dich nicht niederdrücken.
Göttliche Weisheit bewege deinen Nacken,
so daß du den Kopf frei heben kannst
und ihn frei dorthin neigen kannst,
wo deine Zuneigung vonnöten ist!
Göttlicher Segen sei mit dir!

Katharina Vlay

III. Segensmeditationen

Segen mit wohlriechendem Öl

I. *Imagination*

Stelle dich bequem hin,
spüre den Boden, richte dich auf.
Deine Füße treiben Wurzeln in den Boden.
Sie stehen fest.
Stelle dir vor:
Dein Kopf hängt an einem langen Seil am Himmel.
Spüre, wie du zwischen Himmel und Erde eingebunden bist.
Aus deinen Wurzeln dringt Saft und Nahrung in den Stamm.
Du spürst, wie Kräfte in dir hochsteigen.
Du bist ein fester Stamm.
Kein Wind kann dich umknicken.
Deine Zweige strecken sich nach oben.
Sie suchen die Wärme des Sonnenlichts.
Die Sonne strahlt auf das Grün der Blätter.

Horche jetzt in dich hinein:
Was ist zur Zeit für dich wichtig:
- die Wurzeln, die die Nahrung holen,
- die Knospen, die Neues aufspringen lassen,
- die Früchte, die reif sind und fallen
- die winterliche Ruhe.
Spüre dem nach, was für dich jetzt gerade wichtig ist!
Du hast dazu Zeit.

Merke genau, was dir wichtig ist.
Komm jetzt langsam zurück in Raum und Zeit.

II. *Segensritual*

Tut euch zu zweit zusammen.
Eine beginnt, die andere zu fragen:
Was ist dir gerade wichtig?
und hört die Antwort.

Nun zeichne in oder auf die Handfläche
der Antwortenden ein Kreuz mit dem Öl und sage
„Gesegnet deine Wurzeln,
- deine Knospen,
- deine Früchte,
- deine Ruhe“
oder:
„Gott segne . . .“
„Die Weisheit segne . . .“

Nun tauscht die Rollen.

III. *Gemeinsames Lied*

z.B. „Viel Glück und viel Segen auf all deinen Wegen, ein tapferes Herze, das schenke dir Gott.“

Hanna Strack

Brotsegen

Seht euch um, Schwestern und Brüder,
seht auf die Menschen, die das Brot brauchen,
um ihren Hunger zu stillen.
Die Brotbäckerinnen haben hineingetan,
was Menschen guttut und ihnen Kraft gibt.
Wir bringen viele Arten von Brot, sie sind nötig,
damit wir die Vielfalt schmecken können.
Viele Menschen und viele Brote machen sichtbar,
was uns zu einer Gemeinschaft verbindet.
Wir tragen die Brote zum Tisch
und segnen sie,
so wie Christus das Brot gesegnet hat.

Jede Frau bringt ihr Brot, legt es auf den Tisch und segnet es mit ihren eigenen Worten. Die folgenden Brotsegen können eine Anregung für Ergänzungen und weitere Anliegen, Bitten und Segen sein.

Ich bringe Roggenbrot für unseren Tisch.
Es ist das Brot der Menschen,
die hart arbeiten müssen.
Es erinnert an die Frauen und Männer in Osteuropa,
deren Hunger nach Freiheit und
eigener Entscheidung ungebrochen und stark ist.
Der Segen des Brotes ist:
Gott schenke uns Freiheit und Menschenwürde.

Ich bringe Vollkornbrot an unseren Tisch.
Es erinnert an die Menschen,
denen die Fülle des Lebens verwehrt wird,
die von anderen Menschen unterdrückt
und an den Rand gedrängt werden.
Der Segen des Brotes ist:

Gott schenke uns die Kraft,
damit wir für Gerechtigkeit einstehen können.

Ich bringe ein Brot, zubereitet zu gleichen Teilen
aus Weizen und Roggen.
Es erinnert uns an das Leben in unseren Kirchen,
in denen Frauen die Bänke füllen,
aber nicht an den Altären stehen dürfen.
Der Segen des Brotes ist:
Gott schenke uns die wechselseitige Kraft
von Männern und Frauen, damit sie gemeinsam
für das Leben eintreten können.

Ich bringe Reiskuchen für unseren Tisch,
es erinnert uns an die Menschen der armen Länder,
die kaum eine Schale Reis haben,
um ihren Hunger zu stillen.
Der Segen des Brotes ist: Gott schenke uns Augen
und helfende Hände
für die Armut und Not in der Welt.

Ich bringe Fladenbrot für unseren Tisch,
das Brot, das die farbigen Frauen
in Südafrika für ihre Familien backen.
Es soll uns daran erinnern, daß Gott nicht zuläßt,
daß Menschen wegen ihrer Hautfarbe oder Rasse
diskriminiert werden.
Der Segen des Brotes ist:
Gott, schütze unsere Brüder und Schwestern
vor Ungerechtigkeit und Anmaßung der weißen Rasse.

Ich bringe ungesäuertes Brot an unseren Tisch.
Es erinnert an unsere jüdischen Schwestern und Brüder,
die mit diesem Brot das Passahmahl feiern.
Sie sind von Menschen aus unserem Volk,

die sich auch Christen nannten,
verfolgt, gequält, verjagt und getötet worden.
Unser Ruf ist:
Gott, vergib uns unsere Schuld.

Ich bringe das Brot, gebacken mit den Kernen der Sonnenblume.
Es ist das Brot für die, die ohne Hoffnung sind,
die Kranken, die Alten, die Einsamen, die Verfolgten.
Der Segen des Brotes ist:
Gott, schenke uns die Hoffnung,
daß du immer wieder neues Leben schenkst.

Ich bringe viele kleine Brote für die Kinder dieser Erde.
Sie erinnern an das göttliche Maß der Liebe,
das nötig ist,
daß Kinder wachsen und gedeihen können.
Der Segen des Brotes ist:
Gott, fülle die Hände der Kinder
mit der Kraft deiner Liebe.

Heidi Rosenstock

Licht-Imagination zu 1 Thess 5,5:

Ihr seid Töchter des Lichts

Stelle eine Kerze in die Mitte des Kreises oder – wenn Du allein bist – vor Dich auf des Tisch.
Schau die Kerze lange an.
Dann schließe die Augen
und sieh jetzt mit Deinem inneren Auge, daß die Kerze in Deinem Brustkorb leuchtet.
Du spürst, wie sie ihre warmen Strahlen in die Arme schickt, bis zu den Fingern, in den Bauch, in die Beine bis zu den Zehen.
Nun laß das Licht dorthin wandern, wo Du es heute am nötigsten brauchst.
Nimm dir viel Zeit dafür, laß diese Stelle warm werden, durchblutet, heil.

(Die Sprecherin der Gruppe soll hier mindestens drei Minuten Zeit lassen.)
Nimm nun das Licht wieder zurück in den Brustkorb,
sprich ein kurzes Gebet,
öffne die Augen
und laß das Licht zurück zur Kerze wandern.

Hanna Strack

Segensmeditation mit Schalen

Material:

- Meditationstext
- meditative Musik oder Liedtexte
- Schale mit Wasser
- Schale mit Früchten
- Schale mit Brot
- eine etwas dickere Kerze
- eine flache Schale mit Teelichtern
- Schale mit Wasser, versehen mit einigen Tropfen äther. Öl,
- Streichhölzer

Ablauf: Das Licht im Raum sollte gedämpft sein.

Die Teilnehmerinnen bilden einen Kreis, stehend oder sitzend. Die verschiedenen Schalen werden in die Mitte des Kreises gestellt, die Kerzen werden angezündet.
Die liturgische Feier wird nun eingeleitet mit meditativer Musik oder einem gemeinsamen Lied.
Eine vorher bestimmte Teilnehmerin geht danach jeweils mit einem „Meditationssymbol" in der vorgeschriebenen Reihenfolge den Kreis entlang zu jeder Frau, indem sie bei der Leiterin beginnt. Diese spricht in gleichmäßigen Abständen das passende Segenswort zum Symbol. Dazu können die entsprechenden Bewegungen gemacht werden:
Finger ins Wasser tauchen – eine Frucht nehmen – ein Stück Brot nehmen – das Gesicht zum Licht hinwenden (Kerze) – die Hände

über das Feuer halten (Schale mit Teelichtern) – das Duftöl einatmen. Die Leiterin macht die Bewegungen vor; deshalb ist es ratsam, bei ihr zu beginnen. Wenn alle Symbole durch den Kreis getragen und in die Mitte zurückgestellt worden sind, wird die liturgische Feier entweder mit meditativer Musik oder mit einem gemeinsamen Lied abgeschlossen.

Wilfriede Neermann

Segensworte

Gott - du Schale lebendigen Wassers -
erfrische uns.

Gott - du Schale voll reifer Früchte -
ernähre uns.

Gott - du Schale voll würzigen Brotes -
stärke uns.

Gott - du Schale voll hellen Lichtes -
erleuchte uns.

Gott - du Schale voll brennnenden Feuers -
erwärme uns.

Gott - du Schale voll heilenden Öles -
salbe uns.

Hanna Strack

Lichtsegen

ich nehme das licht in mich hinein
ich lasse das licht mir leuchten
        in meinem kopf
        in meinem herzen
        in meinem bauch
        in allen meinen gliedern
ich trage das licht in die welt hinaus
        daß es dir leuchtet

Christine Bandilla / Helga Clajus-Belzner

Die Teilnehmerinnen dieses Segensrituals wählen selbst die Gesten je nach Inhalt des Textes.

IV. Segensrituale

Was ist ein Ritual?

Zunächst denken viele bei dem Wort „Ritual“ an erstarrte Handlungen innerhalb und außerhalb der Kirche, an zu enge Traditionen, an leere äußere Gesten, die jemand für die passiven Anwesenden vollzieht. Das innere Leben scheint zu fehlen.

In den letzten Jahren entdecken aber Frauen wieder die Kraft der Rituale, sofern sie lebendig sind, von einer Gruppe gemeinsam getragen werden sowie einem Anlaß des persönlichen Lebens entsprechen.

Es sind kleine Handlungen wie das Zeichnen eines Segenskreises in die Hand der anderen, aber auch ausführliche Rituale, wie wir sie in unserem Buch als „Segensrituale“ beschreiben.

Die kleinen und großen Rituale – wir können sie auch Symbolhandlungen nennen – bedürfen einiger Voraussetzungen, wenn sie Energien zum Fließen bringen sollen. Wir wollen ja nicht „abgesegnet“ werden, wir wollen die Kraft des Segens erfahren und weitergeben.
Dazu gehört die leib-haftige Berührung, die schwingende Bewegung, eine Wohltat für die Augen, Ohren, Tast- und Geschmackssinne.
Dazu gehört ein Anfang, der uns ankommen läßt, und ein Schluß, der uns wieder in den Alltag entläßt. Erst in letzter Linie gehört das Wort, die Sprache, dazu.
Den Sinn können wir in diesen Fragen ausdrücken:
Wie kann ich wachsen und kraftvoll werden?
Wie stärke ich die Kraft in mir gegen die Mächte über mich?
Wie kann ich mich der Herausforderung stellen, die an mich herantritt?

Diese Ritualfeiern stärken die Position der Laien, Frauen und Männer. Insofern sind sie ein wesentlicher Fort-Schritt in unserer

Priester- und Pastorenkirche. Natürlich ist es ein Risiko für die Kirche, die nun nicht mehr bestimmen und kontrollieren kann. An verschiedenen Orten werden Seminare und Rüstzeiten angeboten, in denen Rituale erprobt werden, einige sind auch schon veröffentlicht.

Gemeinsame Gestaltung eines Segensrituals in fünf Gruppen

Die Anlässe mögen verschieden sein:

- Abschied vor einer großen Reise
- Neubeginn im Beruf
- Sechzigster Geburtstag
- Heimkehr nach einer Operation
- Umzug ins Altersheim
- Zwei Menschen wollen miteinander leben

Eine Segensfeier, ein Ritual für einen dieser Anlässe läßt sich in fünf Schritten gestalten und ebenso in fünf Gruppen vorbereiten:

Gruppe 1

Wie kann die Mitte des Kreises das Thema wiederspiegeln?
Welche Symbole passen?
Wie soll die Segensfeier beginnen?
Welches Lied / Welcher Tanz?

Gruppe 2

Wovon nehmen wir Abschied?
Wie können wir das gestalten?
Mit welcher Symbolhandlung / Mit welchen Worten?
Wie können alle Anwesenden mit einbezogen werden?

Gruppe 3

Welches Bibelwort / welche biblische Erzählung wählen wir?
Wie können wir den Text anschaulich machen?
Wie beziehen wir die Anwesenden mit ein?

Gruppe 4

Was ist im Blick auf die Zukunft wichtig?
Welchen Lebensplanentwurf brauchen wir?
Welche Frauen oder Männer können uns Vorbild sein?
Wie können wir dies mit den Anwesenden gestalten?

Gruppe 5

Welche Wirkung wünschen wir uns von der Segensfeier?
Mit welcher Gestik können wir uns gegenseitig segnen?
Welches Segenswort können wir uns zusprechen?
Wie soll der Schluß gestaltet werden?

Brigitte Enzner-Probst / Hanna Strack

Heilritual für eine vergewaltigte Frau

Die Teilnehmerinnen bilden einen Kreis um die Frau, die vergewaltigt wurde.
Eine Frau sagt: „Wir sind hier, weil unserer Schwester Gewalt angetan wurde. Ihr Körper, ihre Seele und ihr Geist sind grausam verletzt worden. Wir sind hier, um mit ihr zu trauern und mit ihr unsere Wut herauszuschreien. Wir sind außer uns vor Wut – wir sind voller Entrüstung über die Feindseligkeit gegen Frauen, über die Verkehrung von Sexualität in Gewalt. Die Feindseligkeit und Gewalt, von der wir in der patriarchalen Welt umgeben sind, finden in der Vergewaltigung ihren extremsten Ausdruck.
Wir sind verzweifelt und wir trauern, denn wir wissen nicht, wann die Gewalt enden wird, und wie wir den angerichteten Schaden ausgleichen sollen. Aber wir weigern uns aufzugeben.
Wir werden erfolgreich weiterkämpfen. Wir werden uns nicht einschüchtern und zu furchtsamen Geschöpfen machen lassen, die ihren Anspruch auf Freiheit nicht durchsetzen können.
Wir gehen hin, wo es uns gefällt, und wir tun, was wir wollen."

Eine zweite Frau sagt: „Wir stehen in Liebe und Mitgefühl zu unserer Schwester X, der Gewalt angetan wurde. Sie wurde grausam verletzt, aber sie ist nicht zerstört. Sie wurde gedemütigt, aber ihre Integrität ist unberührt. Sie war der Häßlichkeit ausgesetzt, aber ihre Schönheit ist unangetastet. Das Böse hat nach ihr gegriffen, aber sie ist gut. Wenn ihr Leiden mit Lügen und Zweifeln beantwortet wird, bleibt sie dennoch in der Wahrheit.
Wir bekräftigen ihre Ganzheit, ihre Güte ihre Wahrhaftigkeit, ihre Integrität, ihre Schönheit.
Wir verwerfen die Kräfte der Destruktion, der Häßlichkeit, der Gewalt und der Lüge, die versuchten, aus ihr ein Opfer zu machen."

Die Frau, die vergewaltigt wurde, kann sich nun entscheiden, ob sie über die Erfahrung sprechen will, oder ob sie lieber schweigen

und sich in anderer, nonverbaler Weise ausdrücken will. Dann wird die Frau von der Gruppe zu einem rituellen Bad begleitet. Das warme Wasser, in das sie eintaucht, ist mit Kräutern versetzt und mit duftenden Blütenblättern bestreut. Sie wird massiert und mit warmem Wasser übergossen. Danach hüllen die Frauen sie in ein Tuch, salben sie mit duftendem Öl, kleiden sie in ein festliches Gewand und schmücken sie mit einem Kranz aus wilden Pflanzen, Blumen und Kräutern.
Die Frauen sammeln sich wieder im Kreis um die Heilungssuchende; eine Frau legt ihr die Hände auf und sagt:

- (indem sie ihr die Hände auf den Bauch legt): „Von der Gewalt, die deinem Körper angetan wurde, sei geheilt!"

  Die anderen Frauen der Gruppe wiederholen: „Sei geheilt!"

- (Die Hände werden auf die Stirn gelegt): „Von der Gewalt, die deiner Seele und deinem Geist angetan wurde, sei geheilt!"

Alle sprechen gemeinsam: „Der Segen unserer göttlichen Mutter umgibt dich, stützt dich, umfließt dich, liebkost dich und bringt dich zur Ganzheit. Sei heil und ganz, Schwester, sei heil und ganz!"

Falls die Vergewaltigung in der Wohnung der Frau stattgefunden hat, sollten die Räume rituell gereinigt und neu geweiht werden, wobei auf den Raum, in dem das Verbrechen geschah, und auf die Tür oder das Fenster, durch das der Vergewaltiger hereinkam, besondere Aufmerksamkeit verwendet wird.

Rosemary Radford Ruether

Anregungen für ein Menstruationsritual

Normalerweise wird in unserer Kultur gerade in der Erziehung von Mädchen die Monatsblutung als etwas Lästiges angesehen, die möglichst unauffällig „hinter sich gebracht" werden soll. Die Werbung bringt das überdeutlich zum Ausdruck.

Die folgenden beiden Rituale wollen eine Anleitung dazu geben, diese allmonatliche Erfahrung positiv zu deuten und zu erleben.

Es ist schön, durch den weiblichen Körper in besonders deutlicher Weise mit dem Rhythmus des Universums verbunden zu sein: Ebbe und Flut, der Mondkreislauf, die jahreszeitlichen Höhepunkte spiegeln sich in unserem Leib.

Doch ist Blut ein ambivalentes Zeichen. Es kann im Bewußtsein einer Frau Zeichen sein für mögliche Fruchtbarkeit, ein Offensein für Leben. Für Frauen, die sich sehnlichst ein Kind wünschen, ist die monatliche Blutung ein trauriges Zeichen, andere wieder sind erleichtert, wenn sie eintritt, weil sie eine ungewünschte Schwangerschaft befürchtet haben. Im Leben unseres Körpers bedeutet Blut ein Zeichen der Reinigung und des Loslassens und eine Zeit der Verletzlichkeit, der Sehnsucht nach Ruhe, nach Pause und dann ein Wiedererwachen zu neuen Energien.

Dem nachzuspüren macht Sinn auch für Frauen, die sich längst mit diesem Rhythmus in irgendeiner Weise arrangiert haben. Für junge Mädchen, die die erste Regel erwarten, kann es eine Bestätigung ihres Frauseins werden, das ihnen Ängste nimmt.

Doch sollte eine solche Feier nur auf eigenen Wunsch und im geschützten Kreis einer Gruppe angeboten und erlebt werden.

- Eine Mitte wird schön gestaltet, mit weiß-roten Blumen etwa, mit einer Kerze und einer Wasserschale.
- Die Teilnehmerinnen sitzen im Kreis, die Frau oder das junge Mädchen, für die das Ritual gefeiert werden soll, sitzt in der Nähe der Kreismitte.
- Zeit der Stille, Musik
- Lied oder Tanz
- Liturgin: N.N., wir begrüßen dich in unserer Mitte. Durch den Rhythmus des Blutes gehörst du zur Gruppe der Frauen. Als Zeichen dafür wollen wir dir etwas schenken.
- Jede Frau schenkt dem Mädchen oder der Frau etwas: eine rote Kerze, ein rot-weißes Tuch, eine Glasmurmel, eine Muschel oder ähnliches.

  Sie spricht dabei einen kurzen Segenswunsch, beispielsweise:

  Mögest du dein Frausein immer ehren und achten!

  Mögest du immer über deinen Körper verantwortlich und allein bestimmen!

  Mögest du deinen Körper lieben!

  Mögest du Freundinnen finden!

  Mögest du in deinem Leben Erfüllung finden!
- Zum Schluß geben alle die Wasserschale im Kreis herum, tauchen die Hände ein und gießen sich oder der Nachbarin etwas Wasser über den Kopf.
- Gemeinsamer Tanz und Segen.

Hier sind Elemente eines persönlichen Rituals, das eine Frau alleine feiern kann:

- Die Verbindung zur Erde suchen: spazieren gehen, einen Baum umarmen, Gras spüren, riechen, die Töne der Natur hören, den Duft der Blumen schmecken
- Sich Ruhepausen gönnen
- Sich reichlich Meditationszeit einplanen
- Frage: Was will ich loslassen?
- Jeden Morgen eine rote Kerze anzünden
- Welchen Duft brauche ich als Schutz?
- Sich selbst umarmen – in Gedanken oder wirklich
- Ich darf mir selbst Mutter sein, mich umsorgen und wie ein Kind wiegen.

Brigitte Enzner-Probst

Lichtersegen

Vor Beginn des Sabbats entzündet die Hausfrau die Kerzen, spricht den Segen und betet um Frieden.

Allmächtiger Gott, gib mir und meinem Mann und meinen Kindern und meinem Hausgesinde den heiligen Sabbat zur Ruhe und zum Heilen und zur Sänftigung, und behüt uns vor allem bösen Geschehnis und Begegnis.
Vor dem heiligen Licht sollen fliehen alle bösen Seelen, die heute frei sind von der Höllenstrafe, und auch alle bösen Geister von Lilith, daß sie nit können schaden keinem Mann noch Frau noch Kind unter deinem Volk.
Herr von aller Welt, gib mir Kinder, die da werden leuchten in deiner Tora, und werden beibringen deine Gebote den Leuten und sie unterweisen, und sollen tun allezeit, was dir wohlgefällt.

Amsterdam 1649

V. Segen und Ikebana

Ikebana

Ikebana, die japanische Kunst des Blumenarrangements, bedeutet wörtlich „lebende Blume“ und meint das Anordnen lebenden Materials in Wasser.

Wie die meisten Kunstformen wurzelt Ikebana im Religiösen: Zusammen mit dem Buddhismus kam es im 6. Jahrhundert nach Japan. Als die Tempel hier entstanden, pflegte man zusätzlich zur Bildhauerei, Malerei und Architektur damals schon die Kunst des Blumenarrangements. Der Überlieferung nach sammelten buddhistische Mönche Blumen und Zweige, ordneten diese in mit Wasser gefüllte Vasen und nannten sie: Shin-no-Nana, „Blüten Gottes“. Sie waren Ausdruck der Verehrung und Anbetung und damit weit mehr als nur ein dekorativer Blumenschmuck. Dieser ehrwürdige Brauch war also der Ursprung von Ikebana.

Während man Ikebana in Japan schon seit etwa 1400 Jahren kennt, nahm man in der westlichen Welt erst vor ungefähr 20 Jahren Notiz hiervon. Es unterscheidet sich deutlich von der abendländischen Form des Blumenbindens, der Floristik, bei der die Blumen vor allem im Hinblick auf deren optische Wirkung zusammengestellt werden. Ikebana hingegen betont besonders die Linienführung des Arrangements, wobei durch Beachtung bestimmter Regeln vollendete Harmonie und Schönheit ausgedrückt werden.

Die Wesensmerkmale der Natur – Schönheit, Schlichtheit und Eleganz – werden durch die Gestaltung im Ikebana ganz besonders hervorgehoben. Im Menschen weckt Ikebana schöpferische Kräfte und führt ihn dadurch zu innerer Ruhe, Ausgeglichenheit und Entspannung. Je mehr man sich hineinvertieft, umso mehr wird jedes einzelne Gesteck Ausdruck der eigenen Persönlichkeit, ja sogar ein Spiegelbild der Seele. Es gibt die

Möglichkeit, in schöpferischer Weise zu sich selbst zu kommen und Stimmungen und Gefühle auch ohne Worte auszudrücken.

Die folgenden Seiten wollen zeigen, wie Texte und „Sprache" des Ikebana miteinander korrcspondieren, aber auch, wie unterschiedlich ähnliche Gedanken und Gefühle ausgedrückt werden können. Der Weg hierbei ist nicht vorgeschrieben: man kann sich von einem Gesteck zu einer Meditation animieren lassen oder aber die Aussagen und Stimmungen eines Textes in ein Blumengesteck umsetzen.

Segen für Dich, Mutter

Nun stellst Du Dich dem Sterben.
Nun fragst Du:
Wie benehme ich mich denn dann?

Nun bittest Du um Beistand,
um wärmende Hände,
die Deinen Kopf halten.

Nun treten wir den Abschied an.
Wir wollen Dein Sterben gemeinsam erwarten.
Du gehst in die Ruhe hinweg.
Ich komme später nach.

Gottes Segen
verbinde uns beide,
wie ein großer Regenbogen
spanne er sich um uns.

Hanna Strack

Ich wünsche dir

Ich wünsche dir,
daß du dir
deinen Lebensraum eroberst
in *Gottes* Schöpfung,
daß alles Lebendige,
dem du darin begegnest,
dich mit Freude erfüllt,
und daß du an dem Platz,
an dem du bist,
verantwortlich umgehen kannst
mit den Menschen,
die dir anvertraut sind,
und mit aller nichtmenschlichen Kreatur.

Christa Spilling-Nöker

Segen des Herzens

Meine Freiheit
und meine Freude
brauchen ein Herz,
das allen Stürmen trotzt,
ein wetterfestes Herz.
Gott, sieh meinen Mut
und segne ihn,
so bin ich geschützt.
Gott, sieh meinen Erfolg
und segne ihn,
so bin ich nicht einsam.

Hanna Strack

Bild- und Textnachweis

Bildnachweis:

Titel: Scherenschnitt Adelheid Strack-Richter; **S. 51** Sefer ha-Minhagim (Buch der Bräuche), Amsterdam 1723, in: Schlangenbrut 13 (1995) Nr. 49, S. 40; **S. 56, 58, 60** Fotos Maria Freking, Wertheim

Textnachweis:

Die Texte auf folgenden Seiten sind bisher unveröffentlicht, die Rechte liegen bei den Autorinnen: **S. 15,17,44/45,61**

Folgende Texte und Lieder sind entnommen:

S. 10 FrauenKirchenKalender 1993, S. 20; **S. 12+24** Brigitte Enzner-Probst, Andrea Felsenstein-Roßberg, Wenn Himmel und Erde sich berühren: Texte, Lieder und Anregungen für Frauenliturgien, Gütersloh 1993, S. 160+185; **S. 13** FrauenKirchenKalender 1995, S. 92; **S. 14** FrauenKirchenKalender 1996, S. 136; **S. 16** mündlich überliefert; **S. 18/19** Habakuk Frankfurt a. M., aus: CD/MC „Blatt um Blatt"; **S. 22/23** Musik: mündll. Überlieferung, aufgezeichnet von Hilda Maria Lander und Maria-Regina Zohner, aus: Hilda Maria Lander, Maria-Regina Zohner; Meditatives Tanzen, Kreuz Verlag, Stuttgart 1987, S. 210; **S. 25–28** Marlis Ott, Bewegte Botschaft. Liedtänze zum Tages-, Jahres- und Lebenskreis, ©1996 Theologischer Verlag Zürich / Verlag Eschbach. Zeichnungen: Max Bosshart; **S. 29** FrauenKirchenKalender 1996, S. 44; **S. 30** Kirche intern 4/92; **S. 32/33** FrauenKirchenKalender 1995, S. 130f.; **S. 34–36** Feministisch gelesen, Band 2, hrsg. von Eva Renate Schmidt, Mieke Korenhof und Renate Jost, Kreuz Verlag, Stuttgart 1989, S. 280–282; **S. 37** FrauenKirchenKalender 1994, S. 157; **S. 38/39** Arbeitshilfe zum Weitergeben, Januar 95; **S. 40** FrauenKirchenKalender 1995, S. 160;

S. 46/47 Rosemary Radford Ruether, Unsere Wunden heilen – unsere Befreiung feiern, Kreuz Verlag, Stuttgart 1988, S. 180f.; **S. 48–50** FrauenKirchenKalender 1996, S. 60/61; **S. 52** gefunden in: Pnina Nave Levinson, Esther erhebt ihre Stimme: jüdische Frauen beten, Gütersloh 1993, S. 100; **S. 57+59** FrauenKirchenKalender 1996, S. 107 und 1994, S. 118;

Weitere Literaturhinweise

„Ich will dich segnen – Du sollst ein Segen sein", Dokumentation der 3. Werkstatt Feministische Liturgie, zu beziehen über: Burckhardthaus, Herzbachweg 2, 63571 Gelnhausen, Tel. 06051/890 Fax 06051/89240

„Gesegnet bist du unter den Frauen", Frauen als Segnende und Gesegnete. Dokumentation des 3. Tages Feministische Theologie im Kirchenkreis Bad Godesberg, zu beziehen bei der Frauenbeauftragten, Habsburger Str. 9, 50173 Bonn, Tel. 0228/363783

Segen in meinem Leben. Arbeitshilfe für Frauen- und Gemeindegruppen, Bestelladresse: Evangelische Frauenhilfe in Hessen und Nassau e.V., Landesverband, Erbacher Str. 17, 64287 Darmstadt, Tel. 06151/4972-0

Birgit Müller (Hg.), Segensworte und Segensgesten. Materialhefte der Beratungsstelle für Gestaltung von Gottesdiensten und anderen Gemeindeveranstaltungen, Heft 72, zu beziehen: Eschersheimer Landstraße 565, 60431 Frankfurt/Main, Tel. 069/53022-46, Fax -81

Im Hanna Strack Verlag sind ebenfalls erschienen:

SEGEN
Herberge in unwirtlicher Zeit

Texte und Schreibwerkstatt von Hanna Strack.
Scherenschnitte von Adelheid Strack-Richter.

Mit Segensworten und Scherenschnitten reich bestückt, laden die Autorinnen ein, selbst kreativ zu werden, selbst zu schreiben und zu malen.

ISBN 3-929813-01-7 · DM 12,80

FRAUEN KIRCHEN KALENDER

Frauen-Leben in Vergangenheit und Gegenwart – Segen + Gebete + Lieder – Meditative Tänze + kleine Rituale – Predigttexte + Ökumenische Bibellese – Feiertage der Weltreligionen – Adressen + Informationen – Menstruationskalender – ca. 230 Seiten, Fadenbindung, Leseband, DM 14,80
Großdruckausgabe DM 19,80

Ausgabe 1997 ISBN 3-929813-15-7
Ausgabe 1998 ISBN 3-929813-06-8

Bestelladresse:
Hanna Strack Verlag, PF 1105, 85600 Zorneding,
Tel. + Fax 08106/20958
oder über den Buchhandel.
Konten auch in Österreich und in der Schweiz.